LE BIENHEUREUX

BERNARDIN REALINO

de la Compagnie de JÉSUS,

par le Père VICTOR VIEILLE

de la même Compagnie.

(1530-1616.)

SOCIÉTÉ DE SAINT-AUGUSTIN,

DESCLÉE, DE BROUWER ET Cie

1896.

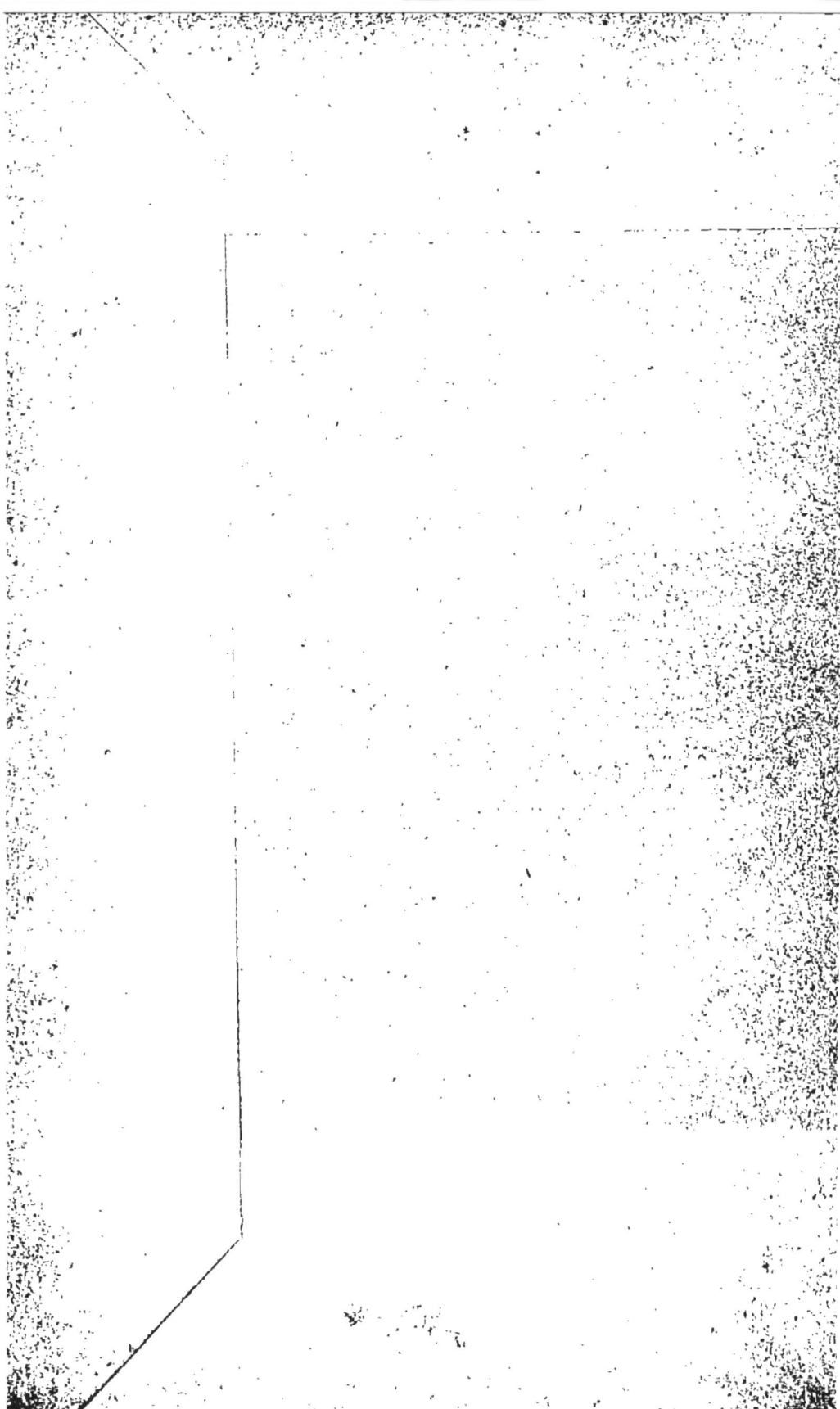

Le Bienheureux
Bernardin Realino.

15ᵉ SÉRIE.

Portrait authentique du Bienheureux
BERNARDIN REALINO.

Le Bienheureux

Bernardin Realino

de la Compagnie de JÉSUS,

par le Père VICTOR VIEILLE

de la même Compagnie.

(1530-1616.)

SOCIÉTÉ DE SAINT-AUGUSTIN,

DESCLÉE, DE BROUWER ET Cie.

1896.

Approuvé par l'autorité ecclésiastique.

Avec permission des Supérieurs.

Le Bx Bernardin Realino

I. — Sa naissance. — Son éducation
(1530-1546).

Louis-Bernardin Realino naquit dans la ville de Carpi en Lombardie le 1er décembre 1530. Ses parents, François et Élisabeth Bellintani, appartenaient à la première noblesse. Son père servait sous les ordres du prince Louis de Gonzague, célèbre général de cette époque. Sa mère, en souvenir de l'hospitalité que St Bernardin de Sienne avait autrefois reçue dans sa famille, voulut que l'aîné de ses fils portât le nom de Bernardin.

François était retenu à la cour des princes. Les soins de la première éducation de cet ange terrestre furent le partage presque exclusif de sa pieuse mère. Dès l'âge le plus tendre, l'enfant se fit remarquer par la vivacité de son esprit, la bonté de son cœur, l'amabilité de son caractère. On ad-

mirait aussi l'angélique pureté de son âme,
sa sobriété dans l'usage des aliments et
une tendre compassion envers les pauvres.
On le voyait fuir les compagnies dange-
reuses, s'appliquer à l'étude et faire ses
délices de la prière, de la fréquentation des
sacrements et de la dévotion à la sainte
Vierge. Il était si charitable qu'il achetait
pour ses condisciples les livres que leurs
modiques ressources ne leur permettaient
pas de se procurer.

II. — L'étudiant modèle à Modène et à Bologne (1546-1556).

A L'AGE de seize ans, Bernardin avait
achevé à Carpi son cours de littérature et de rhétorique. Il s'éloigna de sa
ville natale et se rendit à Modène pour y
étudier la philosophie. La vivacité de son
esprit, son travail opiniâtre, ses connaissances acquises, le placèrent bien vite au premier rang parmi ses condisciples. Mais bien
loin de se prévaloir de cette supériorité,

Bernardin n'en devint que plus humble, plus doux, plus affable envers tous.

Vers cette époque, quelques étudiants pervertis entreprirent d'associer le vertueux Bernardin aux excès honteux de leur conduite licencieuse. Sa vie laborieuse, édifiante, était la condamnation de leur coupable oisiveté. Sous prétexte de parler ensemble de science et de littérature, ils l'attirèrent dans leurs réunions mondaines. Éclairé d'en haut par la protection spéciale de la sainte Vierge et de son ange gardien qu'il avait invoqués, le saint jeune homme s'aperçut qu'il était sur la pente glissante de l'amour du monde et de ses joies coupables. Aussi le vit-on rompre toute relation avec ces jeunes gens corrompus, quitter Modène, après un séjour de deux années, et aller poursuivre ses études à l'université de Bologne.

A son arrivée dans cette ville, sur l'avis d'une noble demoiselle, non moins illustre par sa piété que par sa science, il préféra l'étude du droit à celle de la médecine.

Heureux de ce choix, son père lui fit présent d'une riche bibliothèque de livres de
jurisprudence. Son ardeur pour le travail
ne connut plus de bornes : on dut souvent
le forcer de se mettre à table. C'est vers ce
temps qu'il supprima pour toute sa vie son
repas du soir et se guérit de la sorte d'une
maladie d'entrailles.

Cette vie austère favorisa ses études et
son goût pour la piété. La méditation quo-
tidienne, l'examen de conscience, la fréquentation des sacrements, la visite des monas-
tères, les entretiens pieux avec les Jésuates
ou les moines Olivétains fortifiaient de jour
en jour sa vertu. La pensée de la mort, la
crainte des jugements de Dieu et des éter-
nels supplices de l'enfer, l'espérance d'une
vie bienheureuse après la tombe, servaient
de frein à ses passions mauvaises et lui
faisaient mener une vie de travail et de
sanctification.

Ce jeune homme si intelligent, si pur, si
laborieux, aimait les belles-lettres et les cul-

tivait avec un grand succès. Son goût exquis le portait à lire souvent, à traduire même, les grands écrivains de l'antiquité. Il traduisit en latin l'Odyssée d'Homère, commenta les traités de Platon, le Catilina de Salluste, un chant de Catulle qui fut imprimé et dont il jeta plus tard au feu les exemplaires tombés sous sa main. Il composa aussi différents autres ouvrages, et deux volumes de poésies latines et italiennes...

Le 24 novembre 1550, Bernardin eut la douleur de perdre sa vertueuse mère ; il professa pour elle toute sa vie le culte d'un respectueux souvenir et d'une tendresse toute filiale. C'est probablement à la suite de ce décès que fut engagé un procès difficile. On convint de part et d'autre de s'en remettre à l'arbitrage d'un homme sage et prudent, qui, auparavant, entendrait les témoins et prendrait l'avis des avocats. Celui-ci, sans tenir aucun compte de ces règles de la justice, donna droit à la partie adverse, qui était de sa famille. Il alla même jusqu'à insulter Bernardin, qui lui demandait raison de cette sentence. Le jeune homme de vingt ans, transporté de colère, tire son épée et fait en plein visage à son adversaire

Armes de la famille Realino.

une légère blessure. Humilié et confus, Realino fit pénitence de sa faute et se mit à dominer sa nature irascible.

Le coupable fut exilé des États du duc

d'Este. Après avoir achevé ses études de jurisprudence, il fut reçu à Bologne docteur en droit civil et ecclésiastique, le 3 juin 1556.

III. — Le jeune magistrat à Milan (1556-1564).

DE Bologne, le nouveau docteur se rendit à Milan, gouverné alors par le cardinal Madrucci, dont François Realino était l'intendant. A Pavie, il fit connaissance avec un noble et pieux étudiant qui fut plus tard saint Charles Borromée. Durant son séjour parmi les Milanais, il se lia d'amitié avec le jeune Nicolas Sfondrati, célèbre par ses mœurs angéliques et par la tiare qu'il ceignit dans la suite sous le nom de Grégoire XIV.

Bernardin passa huit années, de 1556 à 1564, dans l'exercice de différentes magistratures, où il était chargé de rendre la justice, d'exercer la police et de surveiller l'administration intérieure des cités. A la grande satisfaction de tous, il exerça la charge de *podestat*, surtout à Felizzano, à

Castel-Leone... Magistrat intègre, il ne voulait jamais recevoir de présents de personne et distribuait en aumônes les revenus de sa charge. Chrétien modèle, il entendait la messe tous les jours, récitait le Rosaire, méditait sur la Passion de Notre-Seigneur, étudiait l'Écriture Sainte, et s'approchait souvent des sacrements. Une apparition du divin Maître, trois apparitions de l'âme pieuse qu'il avait connue à Bologne, le poussèrent à la recherche d'une vie plus parfaite.

IV. — Naples et la vocation religieuse (1564-1566).

APPELÉ à Naples par le marquis de Pescaire, qui venait de reconnaître ses talents d'administrateur, il fut nommé inspecteur général des terres que ce seigneur possédait dans le royaume. Mais Dieu allait manifester ses desseins sur Realino. La modestie angélique de deux jeunes Jésuites, qu'il rencontra dans les rues de Naples, fit naître dans son âme le désir de connaître l'ordre religieux de Saint-Ignace.

Le dimanche suivant, dans l'église des Jésuites, il prit la résolution de quitter le monde, à la suite du sermon du P. Carminata. Sous l'habile direction de ce religieux, célèbre dans toute l'Italie par sa prudence et son éloquence, Bernardin fit avec beaucoup de fruit une retraite de huit jours. Retenu encore dans le monde par un seul lien, l'amour de son vieux père, et favorisé d'une apparition de la sainte Vierge tenant entre ses bras son divin Fils, pendant qu'il récitait le rosaire, il entendit la Mère de Dieu lui donner l'ordre d'entrer dans la Compagnie de Jésus. Au comble de ses vœux et sur la recommandation du P. Carminata, il fut reçu dans l'ordre de Saint-Ignace par le P. Alphonse Salmeron, provincial de Naples, et fit son noviciat dans la même ville.

Entré au noviciat, à l'âge de trente-quatre ans, le 13 octobre 1564, il eut pour maître des novices le P. Jean-Nicolas Pédélongo, docteur en droit, qui avait renoncé au monde, après avoir vu condamner à mort un homme innocent. Sa retraite de trente jours ; six mois passés avec joie dans les offices bas et humiliants ; son amour pour les mépris et l'obéissance ; son amer regret d'avoir tant lu d'auteurs profanes, en firent un homme nouveau et un religieux parfait. Il avait la coutume d'offrir à Notre-Seigneur chacune de ses actions. Aussi le divin Maître lui apparut un jour pour le reprendre de ne pas lui avoir offert telle action et la sainte Vierge pour éteindre en lui le feu de la concupiscence...

V. — Naples et le premier apostolat (1566-1574).

AVANT la fin de son noviciat, il fut appliqué aux études de philosophie et de théologie et y fit admirer sa modestie autant que la subtilité de son esprit et l'étendue de ses connaissances. Il avait prononcé ses vœux de religion depuis un an, quand, pour la Fête-Dieu de 1567, il fut ordonné prêtre. Tout en poursuivant son

cours de théologie, il exerça pendant deux
années les emplois de maître des novices,
de confesseur et de directeur spirituel de
tout le collège. Il dirigeait dans les voies de
la perfection les jeunes étudiants et les Pères
les plus âgés. Très exact observateur de la
règle, il ne rougissait pas de s'accuser en
public de ses plus légers manquements.
Après six années de vie religieuse, il fut
admis, à cause de son mérite, par saint
François de Borgia, le 1er mai 1570, à la
profession solennelle des quatre vœux. Pré-
dicateur et confesseur des jeunes gens du
collège, il fut le directeur de Charles Mas-
trilli et de plusieurs autres qui se sont signa-
lés plus tard, au service de Dieu et des âmes.

Pendant les dix années qu'il vécut à Naples,
le P. Realino prêchait les dimanches et les
jours de fête devant un auditoire nombreux
et choisi. Catéchiste des enfants dans les
églises de la ville, apôtre des malades, des
prisonniers, des esclaves turcs, directeur de
la congrégation des nobles et de plusieurs

communautés religieuses, ce saint religieux trouvait encore du temps pour examiner les écrits destinés à l'impression et écrire des lettres d'affaires ou de direction spirituelle. A tous ces travaux, il ajoutait des jeûnes fréquents, des pénitences effrayantes...

VI. — Son arrivée à Lecce (1574).

AU-DESSUS d'Otrante et de Brindes, est située la ville de Lecce, renommée par son origine ancienne, la fertilité de son sol et la douceur de son climat. Désireux de posséder dans leur ville les Pères de la Compagnie de JÉSUS, les habitants obtinrent d'abord le P. Mario Fabrizi, qui fit admirer l'activité de son zèle, et ensuite le P. Realino avec deux autres religieux, dont il devint le supérieur. Le 19 décembre 1574, le P. Realino entrait à Lecce, qu'il devait évangéliser pendant quarante-deux ans et rendre célèbre par la sainteté de sa vie et l'éclat de ses miracles. Reçu en triomphe par une population enthousiaste, il devint aussitôt le catéchiste des enfants, l'apôtre des prisons

et des hôpitaux, le directeur d'un grand
nombre de personnes de tout rang, le pré-
dicateur de chaque dimanche. Aussi que de
scandales disparus et réparés, que d'ennemis
réconciliés, que de pécheurs convertis! Que
de saintes pratiques de dévotion rétablies !

Il abolit la barbare coutume qui autorisait
le plus proche parent d'une fille tombée
dans le déshonneur, de la frapper de mort...

On bâtit pour la maison professe une
église assez vaste dédiée au saint Nom de
Jésus.

Le P. Realino, demeuré seul, fut soumis
à la tyrannie d'un mauvais serviteur. Aussi
pendant deux mois fut-il cloué sur un lit de
douleur et menacé de perdre la vie.

VII. — Le premier recteur du collège de Lecce (1579).

GRACE à la générosité d'un riche
Leccois et des autres habitants, on
put bâtir et doter un superbe collège dans
la ville de Lecce. On y ouvrit aussitôt des
cours de grammaire, de rhétorique, de phi-

losophie, de théologie scolastique et morale. Sept congrégations de la Sainte-Vierge furent instituées au Collège pour former à la piété les nombreux élèves venus de toute part. Dans l'église du Collège, une des plus belles de la ville, on prêchait tous les jours du Carême et toutes les fêtes de l'année. Le P. Realino fút nommé premier recteur de cette maison et treize fois vice-recteur.

Père et serviteur dévoué de ses frères plutôt que leur supérieur, attentif à ne les laisser manquer d'aucune chose nécessaire, il se dépouillait lui-même pour eux, et ne reculait devant aucune dépense. Aux ouvriers évangéliques accablés de travaux, il manifestait une bienveillance toute paternelle ; aux jeunes religieux, il prodiguait les encouragements, et les marques de tendresse. Mais où sa charité paraissait davantage, c'était dans les soins qu'il prenait des malades. Douze ou quinze fois par jour, il les visitait pour examiner par lui-même si le lit, les remèdes, les aliments ne laissaient rien à désirer. Malade lui-même, il voulait préparer la table, puiser de l'eau fraîche, refaire les lits, balayer les chambres et rendre à ses chers malades tous les services les plus pénibles et les plus humiliants. Que de fois, par de ferventes prières, n'a-t-il pas obtenu la guérison de malades abandonnés des médecins ! Le premier à payer de sa personne dans tous les postes de dévouement, il lisait et servait à table, aidait le cuisinier, et remplissait, dans l'occasion, tous les offices les plus humbles des Frères.

Fidèle observateur de la règle, il employait la force et la douceur pour faire régner dans la maison la discipline religieuse. L'amabilité de son caractère faisait facilement accepter un refus ; il montrait alors avec bonté que la permission serait inutile et même nuisible. Était-il obligé de faire une réprimande en public, il louait quelque acte de vertu du coupable ou s'accusait lui-même d'être l'auteur de la faute commise.

Un jour, un Frère faisait des plaintes et refusa d'accepter une punition. Le saint recteur l'en exempta et lui demanda pardon en public de lui avoir fait de la peine. Le plus confus fut le coupable, converti par la patience de son supérieur.

Le P. Realino savait ainsi tenir compte dans le gouvernement des âmes, de la diversité des caractères, des temps et des circonstances. Aussi possédait-il l'estime et l'affection de tous. Le collège de Lecce était un modèle de régularité et d'union fraternelle.

VIII. — Le pieux confesseur.

LE zèle du P. Realino lui avait fait embrasser beaucoup d'œuvres utiles à la gloire de Dieu et au salut des âmes. Il se distinguait surtout par son assiduité au confessionnal. Dominant sa répugnance naturelle, il se livrait tout entier à ce pénible ministère pour délivrer les âmes captives des liens du péché et les réconcilier avec

Dieu. L'amour que Notre-Seigneur a té-
moigné aux âmes par l'effusion de son sang
divin et la soumission à la volonté divine
manifestée par les supérieurs, lui inspiraient
son dévouement dans ces fonctions labo-
rieuses. Il passait jusqu'à dix heures de
suite au confessionnal, n'en sortant que pour
prendre un peu de nourriture. Quelquefois
même il y tombait épuisé et évanoui. Père
plein de tendresse à l'égard des plus grands
pécheurs, il les traitait avec douceur ; par
de suaves paroles, il les amenait à décou-
vrir leurs fautes, à les détester et à prendre
des mesures pour mener une vie plus chré-
tienne. Il était bien éloigné de cette sévé-
rité inopportune, qui ferme la bouche aux
pénitents et les éloigne du saint Tribunal.
Il pensait avec raison que le pécheur qui
avoue les péchés les plus honteux et qui
promet de s'amender, mérite le pardon
divin. Rencontrait-il des pécheurs mal dis-
posés, insensibles au malheureux état de
leur âme, il les recevait avec charité, leur

parlait avec douceur et les amenait ainsi à un aveu complet de leurs fautes et à un véritable repentir. Dieu récompensait ce zèle par des prodiges surprenants. Un pénitent ayant écrit ses péchés témoigna le désir d'avoir une lumière à cause de l'obscurité. On vit aussitôt paraître une torche allumée, suspendue en l'air, qui demeura immobile jusqu'à ce que la confession fut achevée.

Il semblait lire au fond des cœurs et y découvrait les secrets les plus impénétrables. Aussi que d'âmes gagnées à Dieu dans la vie religieuse, que de grands pécheurs convertis par l'habile et sainte direction du P. Realino !

Tous les malades voulaient mourir entre ses bras, réconciliés avec Dieu par le ministère d'un saint. On le voyait dans un âge avancé, s'appuyer sur son bâton et aller à la recherche des mourants.

Directeur zélé de la congrégation des ecclésiastiques et de celle des nobles, il ne dédaignait pas de s'occuper du salut des pauvres esclaves musulmans répartis sur les côtes des terres d'Otrante. Aussi obtint-il de Dieu le don des langues, qui lui permettait d'instruire ces malheureux venus de diverses nations et parlant des dialectes bien différents.

IX. — L'apôtre de Lecce.

BEAUCOUP de villes réclamaient à l'envi la présence du saint Père Realino. Les supérieurs usèrent bien souvent de leur autorité pour enlever à Lecce son apôtre. Mais la divine Providence intervint d'une manière manifeste pour le conserver dans cette ville.

Après trois années de séjour à Lecce, le P. Realino fut appelé à Naples. Au moment du départ, une fièvre violente le retint au lit et rendit le voyage impossible. Le même fait se reproduisait plus tard, en sorte que le Père Provincial le laissa à Lecce. Les Pères Éverard Mercurian et Claude Aqua-

viva, généraux de l'Ordre, essayèrent aussi
à leur tour de faire changer de résidence
le P: Realino et d'appeler à Rome un religieux aussi capable et aussi édifiant. Mais
ils furent vaincus et désarmés par la fièvre.
L'ordre du départ venait-il à être révoqué,
le malade était à l'instant guéri. Cepen-
dant le saint vieillard voulait obéir et dans
les quarante-deux ans qu'il passa à Lecce,
il fut toujours entre les mains de ses supérieurs, simple, droit et docile comme un enfant. Il avait beau partir en secret de Lecce,
la fièvre ne l'épargnait pas, et la Providence montrait ainsi à tous qu'il ne devait
jamais quitter la ville de Lecce, même
après sa mort.

X. — Son amour pour Dieu.

LA charité, qui nous unit à Dieu, vivifie
et couronne les habitudes surnaturel-
les de l'âme. Son absence nous livre à la
stérilité et à la mort, aux yeux de notre
Créateur. La pureté de conscience, l'amour
du travail, de la mortification, une union

intime avec Dieu, l'exercice du zèle auprès
des âmes, la pratique sainte de l'oraison,
tout contribuait à entretenir dans l'âme du
P. Realino, plus pures et plus vivifiantes,
les flammes du divin amour. Ce feu sacré
le préservait de toute faute vénielle commise
de propos délibéré, d'après le témoignage
unanime de tous ceux qui l'ont connu le
plus intimement. Il était fidèle à cette belle
maxime de son patron, saint Bernardin de
Sienne : « Il faut qu'un serviteur de Dieu
lise, prie ou travaille sans interruption, de
peur que les vices ne s'emparent d'une âme
oisive. » Il méditait sans cesse les règles
admirables de son Ordre, y découvrant les
secrets de toute la perfection. L'habitude
de se vaincre l'avait rendu maître de ses
premiers mouvements et toujours égal à lui-
même. Rien n'était capable de le détourner
de la pensée de Dieu. Tout ce qu'il voyait
autour de lui, tout ce qu'il apprenait au
dehors, tout ce qui faisait l'objet de ses travaux, devenait un nouveau lien qui l'unis-

sait plus intimement à Dieu. Aussi sa con-
fiance en ce Père si tendre ne fut jamais
ébranlée. Un jour le Frère dépensier avait
oublié d'acheter du pain pour le dîner, le
Père Realino rassura le Frère, en lui disant :
« Le pain ne manquera pas ! » En effet, à
l'heure voulue, on remit à la porte quarante
pains très beaux et faits d'une farine inusitée
dans le pays.

Mais ce qui enflammait davantage le cœur
du Père Realino, c'était la contemplation des
choses célestes. Tous ses temps libres étaient
consacrés au saint exercice de l'oraison
devant le Saint-Sacrement ou à genoux
dans sa chambre. Couché quelques instants
sur une planche, il s'arrachait au sommeil
et passait une bonne partie de la nuit à s'entretenir avec Dieu.

Il préparait soigneusement le sujet de sa
méditation, qui était tiré d'ordinaire de la
vie et de la passion de N.-S. J.-C. Dès qu'il
s'était mis en la présence de Dieu, pour
prier, dire la sainte Messe, réciter l'office

divin, le Rosaire, l'esprit d'en haut s'emparait de son âme, lui faisait verser d'abondantes larmes, pousser de profonds soupirs, l'entourait d'une lumière éblouissante de clarté et le faisait voir élevé de terre et ravi en extase. C'était la manifestation de l'ardent amour dont brûlait le cœur du serviteur de Dieu. Ces signes extérieurs se produisaient plus fréquemment lorsqu'il se croyait seul.

XI. — Sa charité pour le prochain.

NE voyant que Dieu dans les âmes, le Père Realino les aimait d'un amour tout céleste. Sa compassion pour les pauvres le rendit ingénieux pour leur venir en aide. Simple étudiant, il partageait ses ressources avec ses condisciples. Magistrat, il faisait usage de son pouvoir pour défendre les droits des opprimés et de ses revenus pour les secourir. Devenu supérieur du collège de Lecce, il donna l'ordre au portier de faire la charité à tous les pauvres qui se présenteraient. Dans un temps d'épidémie, il fit distribuer aux malades un peu de vin.

« Mais, lui dit-on, il n'y a plus à la cave qu'un tonneau plein. — Donnez toujours, répondit le Père Realino, et ne craignez rien, Dieu pourvoira aux besoins de ses serviteurs. » Ce tonneau, d'où l'on avait tiré du vin durant plusieurs mois et que l'on croyait vide, fut trouvé si rempli, à la fin de l'épidémie, que le vin jaillit au dehors.

Se priver de ce qu'on lui servait de meilleur, s'emparer des restes de la table, tendre la main pour recueillir de l'argent, des provisions, des vêtements, prêcher en faveur des pauvres, mettre à leur service son influence, étaient de nouvelles industries, dont usait ce Père des malheureux pour les soulager dans leur détresse.

Un étranger étant tombé malade en été, il voulut le faire transporter au collège et le fit soigner avec toute la délicatesse d'une mère.

Que ne fit-il pas pour secourir les pauvres

Collège de Lecce.

prisonniers dans leurs misères spirituelles et corporelles et réconcilier avec Dieu les condamnés à mort ?

Son immense charité le mettait à la discrétion du premier venu. Lui si occupé voulut transcrire sur un cahier plusieurs pages d'un auteur ascétique. Un Frère trop simple lui avait demandé ce service.

Sa maxime était « que toutes les fois qu'on pouvait louer, il fallait le faire joyeusement et libéralement, et que s'il y avait lieu de blâmer, il fallait prendre le parti de se taire ou d'excuser l'intention. » Sa charité s'étendait à toutes les âmes ; il ne faisait acception de personne, le pauvre, l'esclave étaient aussi bien reçus que le riche et le plus noble visiteur.

Sa bonté s'étendait à tous les êtres de la création. Les oiseaux entraient volontiers dans sa chambre, se perchaient sur sa tête, sur ses épaules, sur ses mains. Il avait soin en hiver de leur donner quelque nourriture...

XII. — Le religieux parfait.

IL se montra observateur fidèle de ses vœux de religion, qui font de l'homme tout entier une victime agréable au Très-Haut. La pauvreté demande le sacrifice des biens extérieurs; la chasteté, celui des biens du corps et l'obéissance, celui des biens de l'âme.

Il aimait la pauvreté comme sa mère et se réjouissait de la pratiquer dans le vêtement, l'habitation, la nourriture et tout ce qui était à son usage. Le vénérable Père Bellarmin, son supérieur, put seul lui faire porter un vêtement neuf. Une table étroite, une lampe suspendue par un clou à la muraille formaient dans sa chambre un ameublement tout à fait incommode. Sa nourriture était plus que modique et se composait de ce qu'il y a de plus vulgaire.

Son obéissance fut parfaite à tous les points de vue. Ne voyant que Dieu seul dans la personne de ses supérieurs, il soumettait à tous son jugement, sa volonté et tout son être. « Je n'ai jamais senti la moindre difficulté, disait-il, à exécuter les ordres de l'obéissance.» Chaque fois qu'il reçut l'ordre de quitter Lecce, il se mit aussitôt en mesure d'obéir. Il recommandait à ses frères un abandon total entre les mains des supérieurs et il en donnait lui-même partout l'exemple. La règle était pour lui l'expression de la volonté divine. Aussi le voyait-on présent à tous les exercices de la communauté, ayant les exemptions en horreur.

Sa chasteté fut véritablement plus angélique qu'humaine. N'avait-il pas reçu de la Reine des Anges, au temps de son noviciat, le don d'une pureté parfaite ? Ce don précieux se manifestait par trois effets admirables : une odeur suave s'exhalant de son corps et des objets qui étaient à son usage et demeurant attachée à ses ossements et à ses reliques ; son seul aspect inspirant la pureté et éteignant dans les âmes les feux des affections charnelles, faveur accordée aussi aux objets touchés ou bénits par lui, tels que chapelets, lettres...

La modestie et la plus austère pénitence étaient la sauvegarde de cette chasteté parfaite. Avec les femmes, ses entretiens étaient aussi courts que rares et il avait toujours en leur présence les yeux baissés et tout l'extérieur dans une tenue respectueuse. Il ne donnait à son corps que trois ou quatre heures de repos, souvent sur de simples planches, jeûnait au pain et à l'eau deux ou trois fois par semaine. Il s'était interdit l'usage de la viande, du poisson et des œufs, et ne prenait que six onces de nourriture par jour. A ces jeûnes et à ces abstinences, il ajoutait les tourments de la flagellation, des ceintures de crin, des chaînes de fer. Les rigueurs du froid en hiver, les chaleurs et les moustiques en été, devenaient aussi pour lui de nombreuses occasions de réduire son corps en servitude et de se défendre contre les pièges de la sensualité.

XIII. — Son humilité.

DIEU est l'être par excellence. L'homme n'est rien, moins que rien puisqu'il a péché. « J'ai connu d'une manière surnaturelle, écrit le Père Realino dans une méditation, que je ne suis rien, car je suis tout péché, et le péché n'est rien, il est une négation. Mais si je ne suis rien, je ne dois donc pas m'affliger, quand on me traite comme rien.

« Je ne suis rien ; il faut donc recourir à Dieu, afin qu'il conserve en moi ses dons, puisque je lui appartiens ; et qu'il les conserve en vue de la fin pour laquelle il me les a donnés, c'est-à-dire pour sa louange et pour sa gloire.

« Je suis pire que le néant, car il n'a pas résisté à Dieu lorsqu'il voulut créer les êtres ; et moi, combien de fois n'ai-je pas résisté à la volonté divine ? Je suis donc plus vil que la terre et le limon. »

Le Père Realino se regardait comme le dernier et le plus méprisable des hommes.

Aussi cherchait-il les emplois les plus humbles de la maison. Il avait demandé d'être simple Frère coadjuteur et dans sa vieillesse, il était content d'être confondu avec les Frères, de faire la communion et de dire le Rosaire comme eux.

Tout le monde avait une haute idée de sa vertu. Souvent on l'appelait un saint. « Voilà un beau saint, un drôle de saint, répétait-il ; est-il possible d'avilir ainsi le nom de saint ! »

Dans l'interprétation d'un décret pontifical, il avait été seul de son avis. Ayant réfléchi le soir sur sa conduite, il demanda pardon en pleurant à toute la communauté d'avoir soutenu son sentiment avec trop d'ardeur...

XIV. — Sa dévotion au Saint-Sacrement, à la sainte Vierge et à l'Ange gardien.

SON amour pour le Verbe Incarné présent sur nos autels était l'âme et la vie de sa piété et de sa ferveur extraordinaire. Avait-il quelque moment libre dans la journée, il allait converser avec Notre-Seigneur dans son tabernacle. Le Saint-Sacrement était-il exposé à la vénération des fidèles, on ne pouvait arracher le serviteur de Dieu à ses douces contemplations. Il célébrait la Messe avec l'ardeur d'un Séraphin. Parvenu à un âge avancé, son unique joie en ce monde était de se nourrir tous les jours du pain eucharistique. Dans ses entretiens et dans ses lettres, il recommandait le fréquent usage de ce divin sacrement.

L'amour pour JÉSUS allume dans les âmes le feu d'un tendre amour envers l'auguste Vierge Marie. Sa pieuse mère avait inspiré au Père Realino, dès l'âge le plus tendre, cette touchante dévotion envers la Reine des Anges. Aussi aimait-il en chaire à célébrer les grandeurs et la bonté de la Mère de Dieu. Excellent poète, il voulut même chanter dans ses vers et ses cantiques les gloires de cette divine Vierge. Vers la fin de sa vie, il récitait le Rosaire jusqu'à douze ou treize fois par jour.

Sa prière favorite pour honorer la sainte Vierge était l'*Ave Maria*, prière inspirée par le ciel : « L'Oraison Dominicale et la Salutation Angélique, disait-il, possèdent par elles-mêmes une vertu particulière et une valeur surnaturelle... »

La sainte Vierge récompensa son fidèle serviteur en lui accordant des grâces et des faveurs extraordinaires. Dans une première apparition, elle le confirma dans son dessein d'embrasser la vie religieuse ; dans la seconde, qui eut lieu pendant son noviciat, elle lui accorda le don de pureté. Plus tard, en 1598, la sainte Vierge, vêtue d'une robe de couleur de pourpre et d'un manteau bleu, déposa l'Enfant-Jésus entre les bras de son serviteur. Dans la nuit de Noël en 1608, il fut encore favorisé d'une semblable apparition. Bien plus, un chœur d'anges entonna le *Gloria in' excelsis*. Le jour de Noël 1599, il avait vu le saint Enfant Jésus, tout éclatant de lumière, se jeter avec amour dans ses bras et lui permettre de le presser

tendrement sur son cœur. Pendant la réci-
tation des Litanies des Saints en communauté, il vit la sainte Vierge se détacher
d'un tableau, briller d'un vif éclat et lui
montrer un visage ravissant de douceur et
de bonté.

Le P. Realino honorait aussi d'un culte
spécial saint Joseph, l'époux virginal de
Marie, le fondateur et les saints de son
ordre.

Il invoquait souvent son Ange gardien
et le traitait avec une grande familiarité.
C'est ainsi qu'il le chargeait de communi-
quer à ses pénitents des messages intimes,
qu'il réclamait son assistance pour composer
des cantiques et des hymnes, qu'il conver-
sait avec cet esprit céleste dans sa chambre.
Il a affirmé que deux fois, dans des chutes
qui auraient pu devenir mortelles, il avait
été sauvé par le secours de son Ange gardien.

XV. — L'Ange de Lecce.

C'EST le nom qu'ont donné au P. Realino, les Pères Éverard Mercurian et Claude Aquaviva, deux supérieurs généraux de la Compagnie de Jésus. Leur successeur, le P. Mutius Vitelleschi, étant provincial de Naples, ordonna au Père Recteur de donner une meilleure canne au P. Realino. C'est ainsi qu'il obtint et conserva comme une relique l'ancienne toute brisée et attachée avec une corde.

Que de religieux de son ordre auraient voulu faire de longs voyages à pied pour voir et entretenir le Saint de Lecce! Le P. François Suarez, si éminent par sa sainteté et sa science, lui écrivait pour lui ouvrir son âme et réclamer le secours de ses prières. Le cardinal Bellarmin, alors provincial de Naples, voulut lui faire une confession générale, et continua jusqu'à la mort du serviteur de Dieu, d'entretenir avec lui un fréquent commerce de lettres. Il lui demanda même, par l'entremise du P. Bentillo, de lui réserver au ciel une place toute prête. C'est ce que promit le saint vieillard, qui mourut quinze jours après. Le cardinal Bellamin obtint de la Congrégation des Rites qu'on commençât les procès ordinaires à Lecce et dans d'autres villes, procès requis pour rendre un culte au serviteur de Dieu.

En dehors de sa famille religieuse, le P. Realino était traité comme un saint. On lui prodiguait les marques de la plus profonde vénération. Sa parole apaisait les esprits, éteignait les haines, prévenait les procès, amenait la réparation des injustices... Des pèlerins faisaient souvent cinq ou six journées de chemin pour le voir et lui parler. Au peuple s'unissaient les évêques, les princes et les gens de qualité pour le consulter et se recommander à ses prières. De ce nombre il faut compter saint André Avellino, religieux théatin, qui avait habité Lecce et qui donnait le nom de *Saint* au P. Realino. Le Souverain-Pontife Paul V se recommandait, ainsi que toute l'Église, aux prières du saint vieillard. Rodolphe et Mathias, empereurs d'Allemagne, Henri IV, roi de France, Catherine de Médicis, les ducs de Modène, de Parme, de Mantoue et beaucoup d'autres personnages illustres, réclamaient sa protection auprès de Dieu. Tout ce qu'il avait touché, était recherché avec empressement et gardé comme une relique. On a obtenu plusieurs miracles par le moyen d'objets qui avaient servi à son usage.

XVI. — Prophéties et miracles.

LE don de prophétie paraissait habituel et permanent dans le P. Realino. Le procès de sa canonisation rapporte jusqu'à cent cinquante-six prédictions faites par le serviteur de Dieu. Le Père Claude Aquaviva et le vénérable cardinal Bellarmin le consultaient fréquemment. Il annonça que le jeune Vincent Caraffa, devenu plus tard général de la Compagnie de Jésus, serait un saint religieux. Plusieurs malades abandonnés des médecins reçurent de lui l'assurance qu'ils recouvreraient la santé ; on allait déposer dans le cercueil la baronne de Saint-Césaire, dont le P. Realino avait prédit, à plusieurs reprises, la guérison certaine, quand un de ses serviteurs remarqua qu'elle faisait un léger mouvement de tête. Le P. Realino reçut un jour la visite de J.-B. d'Azzia, marquis de la Terza, qui jouissait d'une parfaite santé. Le saint religieux prit à l'écart le marquis et lui dit : « Préparez-vous, dans deux mois, le jour de sainte Madeleine, vous mourrez. » Et la prédiction se réalisa.

On a constaté plusieurs *bilocations* du P. Realino, qui apparaissait aux malades réclamant son secours.

Les prodiges opérés par le serviteur de Dieu encore vivant sont sans nombre. Avec un seul signe de croix, il rendait la santé aux malades désespérés. Il ressuscita ainsi un enfant étouffé durant la nuit à côté de sa mère. Ses prières, sa présence, ses

mains, ses chapelets, ses lettres, ses ima-
ges, ses vêtements, ses cannes... tout
devint une source de miracles. Quand on
fit le procès de sa canonisation, chaque
famille de Lecce se présenta pour raconter
quelque prodige fait en faveur de ses mem-
bres. Il avait rendu la vue aux borgnes et
aux aveugles, fait marcher les boiteux et
les estropiés, les infirmes et les paralyti-
ques, chassé les démons, préservé du nau-
frage, des attaques des voleurs et des assas-
sins, et des dangers de la mort une foule
de personnes.

Lui présentait-on une branche détachée
d'un arbre et encore garnie de feuilles, entre
ses mains elle se polissait d'une manière mi-
raculeuse. Il fit jaillir une source d'eau ex-
cellente pour venir en aide à de pauvres
gens qui allaient bien loin chercher un peu
d'eau potable. Son neveu, muni de la canne
de son saint oncle, fut attaqué par des bri-
gands qui lui laissèrent la vie sauve et qui
lui rendirent à la fin tout ce qui lui appar-

tenait, en lui disant : « Il faut que quelque grand saint vous protège. »

Les démons prenaient la fuite en présence du serviteur de Dieu. Appelé un jour auprès d'un malade haut placé, ennemi déclaré de son ordre et assiégé par toutes sortes de démons, le P. Realino le confessa et mit en fuite les esprits malins. Il délivra ainsi plusieurs possédés, entre autres une femme qui avait vu un chien noir et un vieux prêtre appuyé sur une canne. Ce prêtre, qui chassait le chien, était le P. Bernardin chassant le démon.

XVII. — Sa patience héroïque (1610–1616).

A L'AGE de 80 ans, le 3 mars 1610, le saint religieux tomba du haut d'un escalier, allant frapper du front le bas des degrés. On le releva à demi mort, tout couvert de blessures et baigné dans son sang. Les plaies recousues et bandées, le sang s'arrêta. Pas une plainte ne sortit de la bouche du blessé. « Cette souffrance, disait-il,

a été prévue de Dieu de toute éternité... Il
faut faire ce que Dieu veut. »

La foule profita de cette circonstance
pour recueillir les gouttes de sang du serviteur de Dieu. On fit main basse sur tout
ce que l'on put saisir dans sa chambre.

Méditant un jour sur la passion de Notre-
Seigneur, il vit le ciel ouvert et le divin
Maître attaché à la croix, et brillant d'une
vive clarté. Il entendit de la bouche divine
l'explication des plus sublimes mystères de
la foi. Quelques jours plus tard, Notre-
Seigneur, portant la couronne d'épines,
s'approcha du malade et tirant une de ses
épines, il l'enfonça dans la tête du P. Realino en lui demandant s'il en éprouvait
quelque douleur. Par obéissance le saint
religieux fut obligé d'écrire ces deux apparitions.

Il survécut six années à cet accident
sans sortir de la maison, il put célébrer la
sainte Messe, réciter l'office divin, les trois
premières années. A la fin de sa vie, il fut

heureux de ressembler aux Frères et de recevoir comme eux la sainte communion. Un Frère fut chargé de le servir dans sa chambre, et devint ainsi son supérieur. Jamais enfant plus docile à ses parents que le bon vieillard à celui qui le commandait pour le spirituel et le temporel. Bien plus, on recourait à l'autorité du Frère pour en obtenir des ceintures, des chapelets, des calottes, des cannes, objets qu'il fallait changer presque chaque jour, au grand étonnement du serviteur de Dieu.

Le P. Realino signa même des billets de guérison à l'instigation du Frère, et les malades étaient guéris. Un jour il essaya d'écrire un de ces billets pour un Père Jésuite, dangereusement malade. Jamais le P. Realino ne parvint à former aucun caractère visible : le malade mourut quelques jours après.

XVIII. — Sa mort (1616).

LE 1er décembre 1615, les vingt-quatre anciens qui représentaient l'autorité municipale, choisirent et proclamèrent par un décret formel, le P. Realino encore vivant, protecteur de la ville de Lecce et demandèrent à l'évêque de commencer la procédure sur la sainteté et les miracles du serviteur de Dieu. Sept mois plus tard, ils furent reçus auprès du lit de mort de leur apôtre et en obtinrent la promesse formelle qu'il serait du haut du ciel leur protecteur, comme il l'avait été de son vivant.

Le 29 juin 1616, une fièvre violente lui enleva l'usage de la parole. Les médecins ayant déclaré que le mal était sans remède, le malade en manifesta une grande joie. En présence de toute la communauté, qui fondait en larmes, il écouta avec piété la formule de profession de foi et reçut avec dévotion les derniers sacrements.

A la nouvelle de la prochaine mort du Saint, toute la ville fut mise en émoi. Il

Le B⁴ Bernardin Realino avant sa mort, promet de pro-
téger du haut du ciel les habitants de la ville de Lecce.

fallut recevoir de nombreux visiteurs qui baisaient la main du mourant et lui faisaient toucher des objets de piété. Son lit en était couvert, et tout le monde voulait avoir quelqu'un de ces objets qui devenaient ensuite une source de prodiges. Les plus grands personnages, les évêques, les officiers royaux, accouraient au collège, se mettaient à genoux devant la couche du Saint mourant, et faisaient main basse sur tout ce qu'ils regardaient comme des reliques.

Le 2 juillet, après avoir prononcé ces paroles : « O ma très sainte Mère ! » le serviteur de Dieu entra en agonie. Pendant qu'on lui faisait la lecture de la Passion selon saint Jean, on vit sa tête entourée d'une auréole lumineuse. A quatre heures de l'après-midi, le même jour, le P. Realino rendit paisiblement son âme à son Créateur.

Il était dans la 86e année de son âge, dans la 50e de sa vie religieuse. Il avait passé 42 ans dans la ville de Lecce.

XIX. — Ses funérailles.

A LA nouvelle de la mort du P. Realino, un immense cri de douleur reten-
tit dans toute la ville. « Il est mort le Saint,
l'Apôtre de Lecce... » disait-on partout. Un
habitant, auquel le Père avait prédit qu'il
le suivrait de près dans la tombe, criait à
haute voix: « Il ne me reste plus qu'à mourir. »

Le saint corps, porté dans l'église, fut
gardé par des soldats et des personnages
de distinction... Mais en un instant les
cheveux, les vêtements, l'aube, la chasuble
et tout le reste fut déchiré ou coupé. C'est
à peine si les soldats, avec leurs armes,
purent arrêter des jeunes gens prêts à cou-
per quelque partie du corps. Le tumulte
était indescriptible. « Miracle ! Miracle ! »
tel était le cri de la foule enivrée du spec-
tacle de quelque grande guérison obtenue
au contact de ces saintes dépouilles. On
s'aperçut que la figure du mort se mouillait
d'une sueur merveilleuse : les nobles per-

sonnages qui l'entouraient l'essuyèrent à plusieurs reprises avec des linges qu'ils furent obligés de partager avec leur entourage.

Les portes de l'église étant fermées, on put, durant la nuit, procéder avec calme et décence à la cérémonie des funérailles et renvoyer au lendemain l'office solennel célébré en présence d'un modeste catafalque...

XX. — Le Thaumaturge.

NOUS avons relaté brièvement les prodiges opérés par le P. Realino de son vivant. Nous allons raconter en quelques mots les principaux miracles dus à son intercession après sa mort. Dans les deux jours où le corps demeura exposé pour les funérailles, on a compté dix guérisons instantanées de maladies longues et désespérées, guérisons opérées en présence d'une multitude de peuple.

§ I. GUÉRISONS ET RÉSURRECTIONS.

1. Léonard Fasimeto, âgé de trois ou quatre ans, était tombé, la tête la première,

sur une pierre, dans une fosse profonde. On invoque le P. Realino, qui apparaît à la mère de l'enfant, dans son sommeil, et lui dit : « Allons, ne pleurez plus, voilà votre fils guéri. » L'enfant, à son tour, dit à sa mère transportée de joie : « Maman, ne pleure plus, voici le vieux avec sa canne », désignant ainsi le Père Realino, qui venait de le rendre à la vie. *(Procès de Lecce.)*

2. François-Antoine Clodino, fils aîné du duc de Lezzano, allait mourir. Déjà on avait préparé les cierges, les vêtements dont on devait couvrir le mort et le cercueil... Les serviteurs traitaient son corps comme un cadavre. Au palais, on se mit en prières et on posa sur la tête du jeune homme une *calotte* du Père Realino. Aussitôt le mort ouvre les yeux et demande à manger. Il était parfaitement guéri.*(Procès de Naples.)*

3. Matthieu d'Acuntio, notaire à Naples, était consumé par une fièvre lente qui menaçait sa vie. Il mit vingt-trois jours pour venir de Naples à Lecce vénérer les reliques du

P. Realino et lui demander sa guérison. Sa prière fut exaucée. *(Procès de Lecce et de Naples.)*

4. Rose de Félice, âgée de trois ou quatre ans, en 1678, atteinte de la petite vérole, en devint aveugle. « J'ai vu, disait-elle un jour, un vieillard qui portait une canne et il m'a dit : Je veux te guérir. » En janvier 1679, la mère de la petite aveugle la vit complètement guérie après lui avoir frotté les yeux avec l'huile de la lampe qui brûlait devant le tombeau du P. Realino. *(Procès de Lecce.)*

5. Le P. François Cerola, S. J., du collège de Barletta en Italie, était atteint depuis quatre ans, au visage, d'une inflammation qui dégénéra en fistule lacrymale ouverte au coin de l'œil gauche. Abandonné des médecins et envoyé à Bari en 1606, il invoqua la protection du P. Realino, appliqua une relique du vénérable religieux sur l'ouverture de la fistule, qui se ferma bientôt après. *(Procès de Naples.)*

Beaucoup d'autres miracles ont été opérés par les vêtements, les cannes et les autres objets ayant appartenu au Père Realino.

§ II. MIRACLES APPROUVÉS POUR LA BÉATIFI-CATION. (13 novembre 1894.)

1. Joseph Bigliano, d'une honnête famille de Lecce, enfant âgé de six mois, fut atteint d'une maladie grave, qui lui fit enfler tout le corps. Une fièvre ardente le réduisit, en peu de temps, à toute extrémité. Il passa plusieurs jours sans prendre une goutte de lait. Bientôt il entra en agonie et mourut.

Grande fut la douleur de sa mère. Tout était prêt pour les funérailles, qui furent retardées... Depuis neuf heures, l'enfant n'était plus qu'un cadavre, au témoignage des visiteurs et de la famille.

Tout à coup, la mère invoqua avec foi le Père Realino qu'elle avait connu. A sa prière, elle vit son enfant, qu'elle pressait contre son cœur, revenir à la vie. De tout côté, on cria : au miracle ! *(Procès de Lecce.)*

2. Le Père Antoine Grassi, de la Compa-

Cathédrale de Lecce.

gnie de Jésus, souffrait depuis quatre ans d'une fistule cancéreuse, dont ni le fer, ni le feu n'avaient pu le guérir.

En retirant lui-même du tombeau les reliques du vénérable Père Realino, dont on faisait une nouvelle translation, il invoqua la protection du serviteur de Dieu et fut sur-le-champ guéri d'une manière parfaite. Toute trace de cicatrice avait disparu. (21 avril 1711.)

§ III. L'INCORRUPTION ET LA LIQUÉFACTION
DU SANG.

Le sang du P. Realino qui coula dans sa dernière maladie, fut recueilli et placé dans plusieurs ampoules. Dans les unes, on aperçoit le sang coagulé et desséché ; dans les autres, il se maintient liquide, coloré, sans aucun signe de corruption.

Bien plus, on voit parfois le sang se mouvoir, bouillonner et augmenter quelquefois de volume jusqu'à remplir toute la capacité du vase. On a dernièrement constaté ce fait miraculeux dans la cathédrale de

Lecce, dans le couvent des Capucins, en
1828, et dans le monastère des Bénédictines
de la même ville, en 1804 et en 1854.

Dans les différentes translations de ses
reliques, les médecins les plus habiles décla-
rèrent unanimement que la conservation des
chairs et du sang, sans la moindre trace de
corruption, et le parfum délicieux qu'ils
exhalaient, étaient certainement miraculeux.
On a recueilli précieusement les gouttes de
ce sang fluide et embaumé.

Le 24 novembre 1713, lorsqu'on enleva
du coffre le vase qui le contenait, le sang,
redevenu vermeil, bouillonnait et laissait voir
à la surface des bulles d'air qui se formaient,
comme si le sang eût coulé des veines du
serviteur de Dieu.

XXI. — Le procès de béatification.

LA ville de Lecce, depuis le jour de la
mort de son Apôtre, n'a pas cessé de
poursuivre auprès du siège apostolique la
béatification et la canonisation du vénéré

Père. Le cardinal Bellarmin, ami intime du Serviteur de Dieu, invité par les notables de la ville à les assister de ses conseils, fit commencer par les ordinaires de Lecce, de Tarente, de Castellamare, de Capoue, etc...., les informations juridiques sur les vertus et sur les miracles du Père Realino.

Ces procès furent approuvés à Rome. On y ajouta les instances de plusieurs évêques, chapitres et communautés religieuses du diocèse de Naples, des rois de France, d'Espagne, de plusieurs autres grands personnages. On put former le procès apostolique à Lecce, Naples et Carpi. Mais les malheurs de la Compagnie de Jésus et les épreuves de l'Église vinrent interrompre, en 1762, la suite de la procédure.

Le 31 juillet 1824, le Pape Léon XII porta le décret sur l'héroïcité des vertus du P. Bernardin Realino. La cause de la béatification a été reprise sous Sa Sainteté Léon XIII.

Le 13 novembre 1894, on a approuvé

Partie supérieure du monument funéraire du P. Realino, dans l'église du Collège de Lecce.

deux miracles, requis pour le procès de la béatification. Le 20 mars 1895, Léon XIII déclara que l'on pouvait, en toute sécurité, procéder à la béatification solennelle du Père Realino. Cette fête a été célébrée à Rome, le 12 janvier 1896.

ORAISON.

OREMUS.

PRIONS.

Largiie nobis, Domine, Beato Bernardino interce- dente, spiritum demissionis et caritatis : quo cum divinitus repletum benignitatis tuæ ministrum eximium effecisti.

Per Christum Dominum nostrum. Amen.

Accordez-nous, Seigneur, par l'intercession du Bienheureux Bernardin, cet esprit d'humilité et de charité, dont vous avez daigné le remplir par votre grâce et qui a fait de lui l'instrument choisi de vos bontés.

Par JÉSUS-CHRIST Notre-Seigneur. Ainsi soit-il.

SOMMAIRE.

Imprimé par la Société de Saint-Augustin.

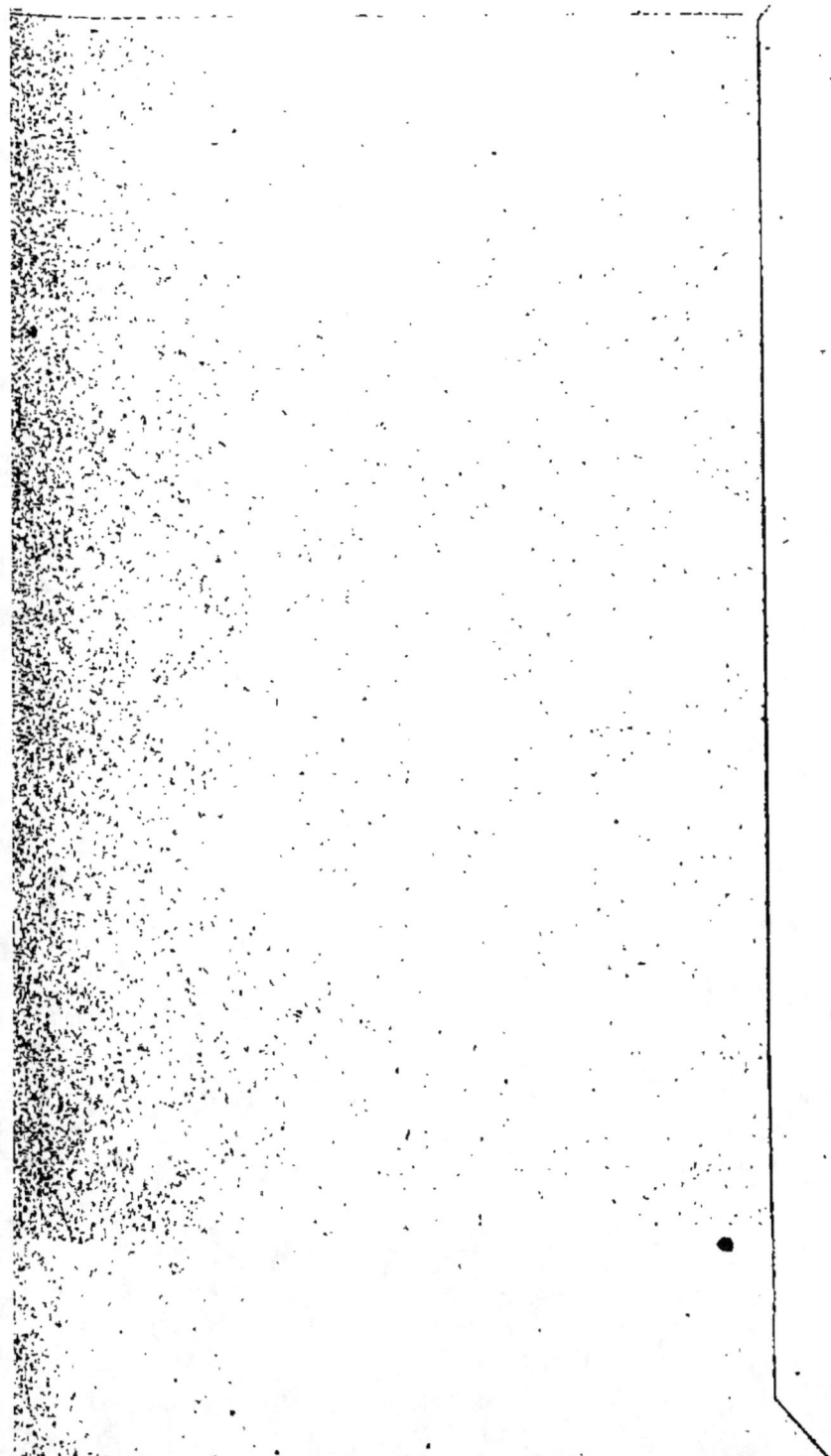

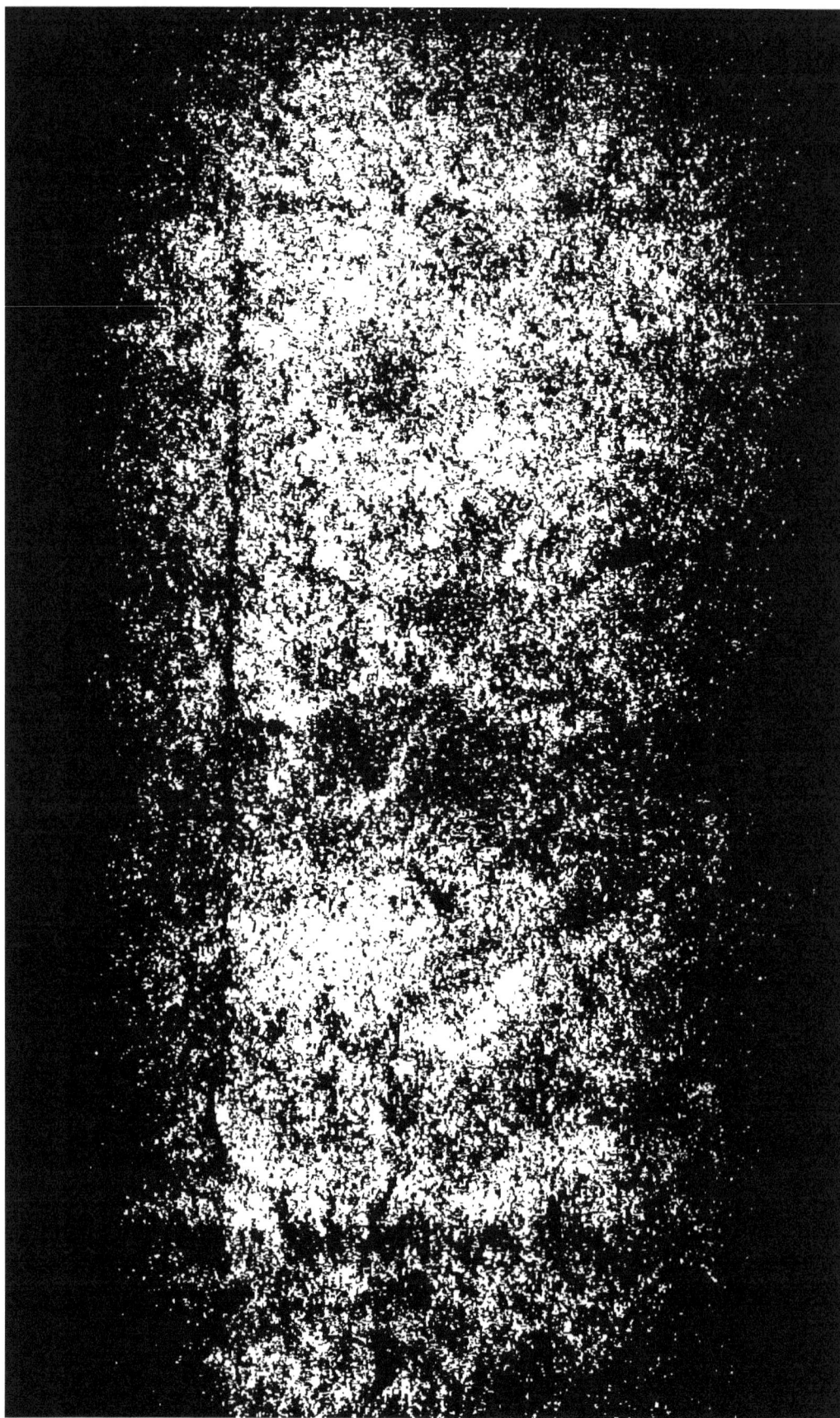